BEI GRIN MACHT SICH IHR WISSEN BEZAHLT

- Wir veröffentlichen Ihre Hausarbeit, Bachelor- und Masterarbeit

- Ihr eigenes eBook und Buch - weltweit in allen wichtigen Shops

- Verdienen Sie an jedem Verkauf

Jetzt bei www.GRIN.com hochladen und kostenlos publizieren

Bibliografische Information der Deutschen Nationalbibliothek:

Die Deutsche Bibliothek verzeichnet diese Publikation in der Deutschen National-bibliografie; detaillierte bibliografische Daten sind im Internet über http://dnb.d-nb.de/ abrufbar.

Impressum:

Copyright © 2015 GRIN Verlag, Open Publishing GmbH
Druck und Bindung: Books on Demand GmbH, Norderstedt Germany
ISBN: 9783668221277

Dieses Buch bei GRIN:

http://www.grin.com/de/e-book/322984/bildungsbenachteiligung-aufgrund-eines-migrationshintergrunds-bei-schuelerinnen

Anonym

Bildungsbenachteiligung aufgrund eines Migrationshintergrunds bei Schülerinnen und Schülern. Erklärungs- und Lösungsansätze

GRIN Verlag

Otto-Friedrich-Universität Bamberg

Institut für Erziehungswissenschaften

Lehrstuhl für Sozialpädagogik

Wintersemester 2014/2015
Seminar: Migration und Asyl

Abgabetermin: 16.03.2015

Bildungsbenachteiligung aufgrund eines Migrationshintergrunds bei Schülerinnen und Schülern

Einleitung

In den vergangenen zehn Jahren wurden unzählige Artikel veröffentlicht, die sich mit dem Thema Migration im Allgemeinen und im Detail mit Migration und den Bildungsaussichten von Kindern und Jugendlichen mit Migrationshintergrund auseinandergesetzt haben. Angeheizt wurden diese Themen unter anderem durch den ehemaligen Politiker Thilo Sarrazin und dessen Buch „Deutschland schafft sich ab", indem Thesen verbreitet wurden, dass die Folgen der Geburtenrückgänge, gepaart mit einer wachsenden Unterschicht und einer deutlichen Zuwanderungszunahme aus islamisch geprägten Länder, verheerende Folgen für Deutschland haben würde. Aber auch die Rütli-Schule in Berlin-Neukölln kam zu zweifelhaftem Ruf, als Lehrer deren Schließung forderten, weil die Gewalt in der Schule unkontrollierbar wurde. Etwa 80% der Schülerinnen und Schüler hatten zu diesem Zeitpunkt einen muslimischen Hintergrund, was zu einer langen innenpolitischen Debatte über das Schulsystem führte. Die aktuellste Diskussion löste Horst Seehofer aus, indem er äußerte, dass Migranten dazu angehalten werden sollen zuhause Deutsch zu sprechen, was als zukünftiger Zwang für Migranten interpretiert wurde. Diese wissenschaftliche Arbeit wird sich mit den Bildungsaussichten von Kindern und Jugendlichen mit Migrationshintergrund auseinandersetzen und einen aktuellen Überblick darüber verschaffen, dass eine Benachteiligung vorhanden ist, welche Gründe und Erklärungsansätze es dafür gibt und letzlich auch einen möglichen Lösungsansatz präsentieren. Zu Beginn werden zuerst wichtige Definitionen festgelegt, um mögliche Unklarheiten zu vermeiden. Danach folgt eine statistische Auswertung des Statistischen Bundesamts wie der Bildungsstand der deutschen Bevölkerung aufgestellt ist, mit besonderem Fokus auf den Aspekt Migrationshintergrund. Daraufhin wird ein aktueller Forschungsüberblick darüber geboten welche Determinanten dafür verantwortlich gemacht werden können, dass es zu einer Bildungsbenachteiligung von Kindern und Jugendlichen mit Migrationshintergrund in Deutschland kommt, woraufhin ausgewählte Determinanten exemplarisch tiefer beleuchtet werden. Abschließend wird ein potentieller Lösungsansatz näher betrachtet und vorgestellt und ein Fazit über die Ergebnisse gezogen.

1. Definitionen der Migrationsbegriffe

Um Unklarheiten in der Begriffsverwendung zu vermeiden, wird in diesem Kapitel der Begriff Migration definiert. Innerhalb der Forschungsgemeinschaft hat sich nicht die eine richtige Definition etabliert, vielmehr werden dem Begriff unterschiedliche Attribute von verschiedenen Autoren zugeschrieben.

Die Etymologie des Wortes liegt laut Duden in der „Abwanderung in ein anderes Land, in eine andere Gegend, an einen anderen Ort" (Der Duden, 2015).

Schimamy (2007) zum Beispiel definiert den Terminus wie folgt: „Der Begriff Migration bzw. Wanderung bezeichnet die geographische Ortsveränderung von Menschen."

Oltmer (2010) wiederum beschreibt den Ausdruck auf diese Weise: „Migration ist die auf einen längerfristigen Aufenthalt angelegte räumliche Verlagerung des Lebensmittelpunktes von Individuen, Familien, Gruppen oder auch ganzen Bevölkerungen."

Während die Definition von Schimany auch einen Urlaub beschreiben könnte, lässt sich als Quintessenz aus den anderen beiden Definitionen festhalten, dass Migration eine Wanderung von Menschen beschreibt, die einen Ortswechsel mit sich bringt und auf einen längeren Zeitraum festgelegt ist.

In Deutschland hat sich neben dem Ausdruck der Migration, auch der Ausdruck des Migrationshintergrunds etabliert. Das Statistische Bundesamt legt den Begriff für die Bewohner Deutschlands wie folgt fest:

> Zur Bevölkerung mit Migrationshintergrund im engeren Sinn gehören alle nach 1950 nach Deutschland Zugewanderten sowie alle in Deutschland geborenen Ausländerinnen und Ausländer. Von den Deutschen mit Migrationshintergrund, die ihre deutsche Staatsangehörigkeit seit Geburt besitzen, haben nur jene einen Migrationshintergrund im engeren Sinn, die mit ihren Eltern oder einem Elternteil im selben Haushalt leben, weil nur dann die für die Zuordnung entscheidende Elterninformation vorliegt. Zur Bevölkerung mit Migrationshintergrund im weiteren Sinn gehören zusätzlich jene Deutschen mit Migrationshintergrund, die ihre deutsche Staatsangehörigkeit seit Geburt besitzen und nicht (mehr) mit den Eltern im selben Haushalt leben. Sie sind ausschließlich durch die bislang nur 2005, 2009 und 2013 gestellten Zusatzfragen zum Migrationsstatus der nicht im Haushalt lebenden Eltern als Menschen mit Migrationshintergrund identifizierbar. (Statistisches Bundesamt, 2015a).

Der Terminus Migrationshintergrund schließt viel mehr Menschen mit ein als die Bezeichnung Migrant. In dieser wissenschaftlichen Arbeit wird hauptsächlich der Begriff Migrationshintergrund verwendet werden.

2. Bildungsbenachteiligung aufgrund eines Migrationshintergrunds

In diesem Kapitel wird überprüft, wie sich ein Migrationshintergrund auf die schulische Ausbildung auswirkt, indem Gründe und Theorien für eine Bildungsbenachteiligung von Kindern mit Migrationshintergrund erläutert werden. Dabei werden zuerst aktuelle Daten des Statistischen Bundesamtes untersucht. Anschließend wird der aktuelle Forschungsstand im Hinblick auf potentielle Determinanten, die die Bildungschancen von Kindern und Jugendlichen mit Migrationshintergrund einschränken, mit näherer Betrachtung exemplarisch ausgewählter Determinanten. Abschließend wird ein potentieller Lösungsvorschlag näher vorgestellt.

2.1. Bildungsbenachteiligung aufgrund eines Migrationshintergrunds

Nach aktueller Datenlage des Statistischen Bundesamtes (siehe Abb. 1) sind zwei Sachverhalte auffallend.

Bildungsstand	ins- gesamt	ohne Migrationshinter- grund	mit Migrationshinter- grund	nach Staatsangehörig- keit		nach Erwerbsstatus		
				Deutsche	Ausländer/ -innen	Erwerbs- tätige	Erwerbs- lose	Nichterwerbsperso- nen
				1 000				
Bevölkerung insgesamt	69 996	57 585	12 411	63 787	6 209	39 618	2 181	28 197
Nach allgemeiner Schulausbildung								
Noch in schulischer Ausbildung	2 594	1 839	755	2 346	249	229	37	2 328
Haupt-(Volks-)schulabschluss	24 276	20 547	3 730	22 370	1 906	10 041	767	13 468
Abschluss der polytechnischen Oberschule	4 916	4 833	83	4 890	26	3 205	275	1 435
Realschul- oder gleichwertiger Abschluss	15 603	13 018	2 585	14 568	1 034	11 114	477	4 011
Fachhochschul- oder Hochschulreife	19 560	15 969	3 591	17 735	1 826	14 004	446	5 110
Ohne Angabe zur Art des Abschlusses	151	111	40	125	26	74	/	73
Ohne allgemeinen Schulabschluss	2 633	1 046	1 587	1 519	1 114	899	172	1 562

Abb. 1 (Statistisches Bundesamt, 2015b)

Auf der einen Seite ist der Anteil der Schulabsolventen mit Migrationsstatus mit Fachhochschulreife bzw. Hochschulreife, also dem höchstmöglichen Schulabschluss in Deutschland, bei einem gerundeten Wert von 28,93% geringfügig höher als der Wert von Absolventen ohne Migrationshintergrund, der bei gerundeten 27,73% liegt. Andererseits haben jedoch nur ungefähr 1,8% der deutschen Bevölkerung ohne Migrationshintergrund keinen schulischen Abschluss, während der Anteil der Einwohner mit Migrationshintergrund bei etwa 12,79% liegt. Dieses ambivalente Ergebnis kommentiert der „Bildung in Deutschland"-Bericht wie folgt: „Dem deutschen Bildungssystem gelingt es also, die qualifizierten Migranten zu fördern, nicht jedoch die Bildungshemmnisse bei den Problemgruppen auszugleichen." (Konsortium Bildungsberichterstattung, 2006, S. 148)

Doch wie kommt es dazu, dass die mangelnde Bildung bei Problemgruppen nicht ausgeglichen wird? Dieser Frage wird im kommenden Kapitel nachgegangen.

2.2. Gründe für die Bildungsbenachteiligung

Diefenbach hat potentielle „Determinanten der Bildungsbeteiligung oder des Bildungserfolgs von Kindern und Jugendlichen aus Migrantenfamilien" in Abb. 2 zusammengefasst, die den aktuellen Forschungsstand wiedergeben. Da es der Umfang dieser Arbeit nicht erlaubt, auf jede einzelne Determinante ausführlich einzugehen, werden ausgewählte Determinanten exemplarisch ausgesucht und näher vorgestellt.

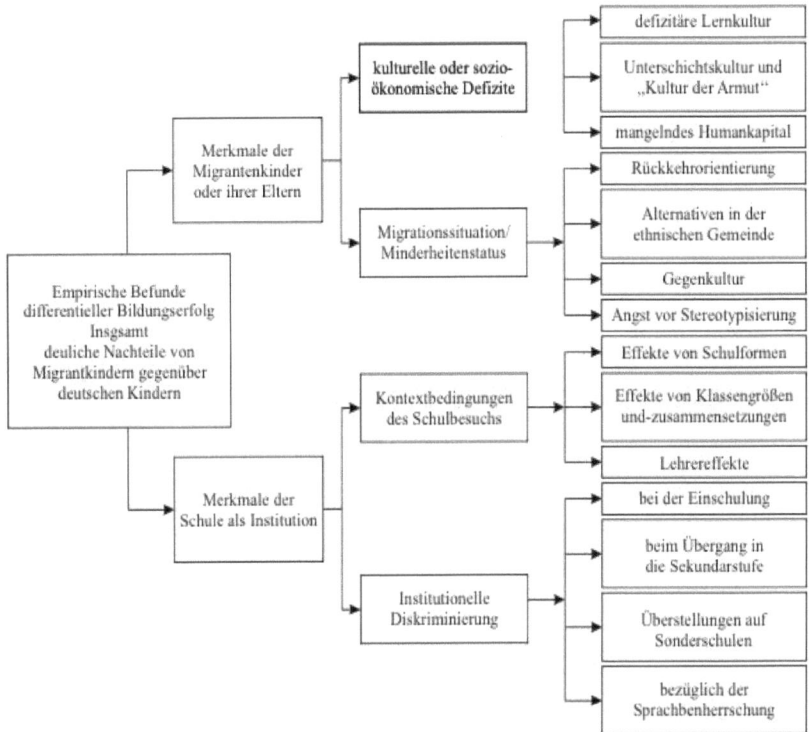

Abb. 2 (Diefenbach, 2010, S. 88)

2.2.1. Benachteiligung aufgrund kultureller Defizite

Die erste untersuchte Determinante widmet sich den Defiziten, die auf die Kultur der Kinder und Jugendlichen mit Migrationshintergrund zurückzuführen sind.

Die Erklärung der Diskrepanz an der Bildungsbeteiligung und des dadurch zu erwartenden Erfolgs von jungen Menschen mit Migrationshintergrund im Gegensatz zu jungen Menschen ohne Migrationshintergrund, unter kulturellen Gesichtspunkten stützt sich darauf, dass jene Mängel aufweisen (vgl. Diefenbach, 2010, S. 91), was als ‚Normalausstattung' an Verhaltensweisen, Kenntnissen und Fähigkeiten [vorausgesetzt wird](...), die ein Kind oder ein Jugendlicher eines bestimmten Entwicklungsstandes in die Institutionen der Bildung und Erziehung mitbringe" (Gogolin, 2002, S. 264.) Welche Defizite dabei explizit dafür verantwortlich sind, ist in der Forschung noch nicht eindeutig festgelegt. Eine mögliche Begründung wird darin gesehen, dass Migranten nicht die Notwendigkeit darin sehen, warum ihr Kind regelmäßig zur Schule gehen sollte, sowie mangelnde Kenntnisse über das deutsche Schulsystem im Allgemeinen. (vgl. Diefenbach, 2010, S. 91).

Inwiefern diese Argumente der Wahrheit entsprechen soll anhand folgender Studie ermittelt werden:

Das Projekt Disparitäten der Bildungsbeteiligung und des Schulerfolgs erforschte in einer Längsschnittstudie die Entwicklungsverläufe und Übertritte von Schülerinnen und Schülern nach der Grundschule. Der Forschungsfokus wurde auf die Diskrepanzen der Übertrittsquoten gelegt und verglich die Faktoren Geschlecht, Migrations- und sozialem Status unter Berücksichtigung der Schichtzugehörigkeit und dem Bildungsstatus der Herkunfsfamilien. (vgl. Ditton, Krüsken, & Schauenberg, 2005, S. 286). Lediglich die Ergebnisse des Einflusses der Herkunft und des sozialen Status auf die schulischen Leistungen und den Schulübertritt werden in dieser wissenschaftlichen Arbeit untersucht. In Abb. 2 sind die Daten der Lehrerempfehlungen für die zukünftige Schulart auf der linken Seite und auf der rechten Seite sind die Daten aufbereitet der Bildungsaspiration der Eltern unter Berücksichtigung des Migrationsstatus der Eltern. Anhand dieser Tabelle ist auffallend, dass die Diskrepanz der Vorstellung der Eltern, welche Schulart ihr Kind nach der Grundschule besuchen soll und die Empfehlung der Lehrer, bei den Elternteilen mit doppeltem Migrationshintergrund besonders hoch ist (ebd., 2005, vgl. S. 291).

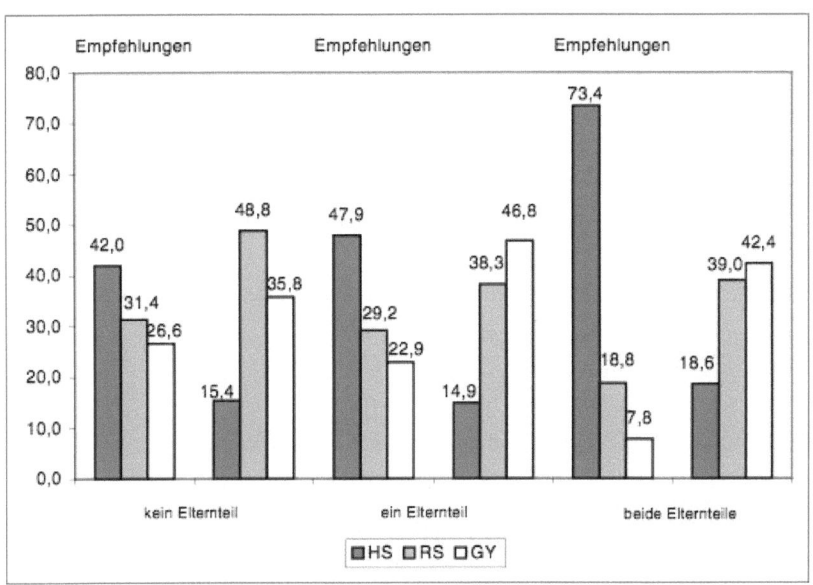

Abb. 3 (Ditton, Krüsken, & Schauenberg, 2005, S. 291)

Mithilfe dieser Daten lässt sich feststellen, dass es nicht an mangelndem Interesse der Eltern mit Migrationshintergrund liegt, was von Paulus & Blossfeld (2007) untermauert wird: „Benachteiligungen lassen sich – und das ist theoretisch hoch bedeutsam – nicht auf ein zu geringes Bildungsbestreben oder auf einen fehlenden Bildungswunsch zurückführen. Vielmehr liegt bei Familien mit Migrationshintergrund ein weit höheres Bildungsbestreben als bei Familien ohne Migrationshintergrund vor, welches als Aufstiegswille interpretiert werden kann."

Auch der Bildungsbericht Bildung in Deutschland bestätigt diese Ergebnisse:

> Das große Interesse vieler Zuwanderer an möglichst guten Bildungschancen für ihre Kinder und die wiederholt nachgewiesene hohe Lernmotivation ihrer Kinder führen dazu, dass diese Elterngruppe eher bereit ist, auch gegen die Empfehlung der Lehrkraft eine weiterführende Schule zu wählen, soweit die Regelungen des Landes dies zulassen. Ohne diese Tendenz wäre der Anteil der Jugendlichen mit Migrationshintergrund in höher qualifizierenden weiterführenden Schulen noch geringer, als er jetzt ist. (Konsortium Bildungsberichterstattung, 2006, S. 165).

Diese Forschungsergebnisse widerlegen die Meinung, dass Migranten-Eltern die Notwendigkeit eines regelmäßigen Schulsystems nicht erkennen, sowie über man-

7

gelnde Kenntnisse über das deutsche Schulsystem verfügen. Es ist sogar das Gegenteil der Fall, da sich diese wünschen, dass ihre Kinder die Sekundarschule besuchen, bei der die höchstmöglich, vertretbare schulische Ausbildung erfolgt. Somit ist eine die Erklärung der Bildungsbenachteiligung von Migrantenkindern unter kulturellen Gesichtspunkten nicht ausreichend.

Die Empfehlungen bzw. die nicht vorhandenen Empfehlungen für höher qualifizierende Schulen lassen sich jedoch auch mithilfe einer anderen Theorie erklären, die im folgenden Kapitel dargestellt wird.

2.2.2. Benachteiligung aufgrund institutioneller Diskriminierung

Diskriminierung im eigentlichen Sinne geht mit einer nicht gerechtfertigten Ungleichbehandlung einher: „Die Objekte/Opfer müssen Merkmale haben, die sie diskriminierbar machen und eine sozial folgenreiche Ungleichbehandlung ermöglichen. Insofern setzt Diskriminierung eine asymmetrisch angelegte Interaktionssituation voraus, in der soziale Ordnungen hergestellt und fortgeschrieben werden." (Gomolla & Radtke, 2009, S. 16). Die Theorie, dass Kinder mit Migrationshintergrund Opfer einer institutionellen Diskriminierung im Schulkontext werden, beruht auf der Annahme, dass Schulleistung nicht nur aufgrund der individuellen Leistungsbereitschaft erbracht werden, sondern auch anhand einer organisationsabhängigen Komponente, nämlich dem Schulsystem per se, bewertet werden (vgl. Diefenbach, 2010 S. 140f.). Eine Studie von Kristen kann als Beispiel für institutionelle Diskriminierung interpretiert werden: Diese konstatiert, dass für den Übergang auf eine Sekundärschule die Noten in Mathematik und ganz besonders in Deutsch von entscheidender Bedeutung sind. Eine schlechte Note in einem dieser Fächer macht es beinahe unmöglich eine Schulempfehlung für die Realschule oder für das Gymnasium zu bekommen (vgl. Kristen, 2002, S. 545). Dadurch könnte die höhere Quote von Kindern mit Migrationshintergrund, die die Hauptschule besuchen aufgrund ihrer schlechten Noten in Deutsch erklärt werden (vgl. Diefenbach, 2010 S. 143). Und daraus wiederum lässt sich die Frage ableiten, inwiefern es sich um eine institutionelle Diskriminierung handelt, wenn die

Deutschnoten bei Kindern unabhängig vom Migrationshintergrund gleich gewichtet werden und somit die Wahrscheinlichkeit erheblich gesenkt wird, dass Kinder mit Migrationshintergrund, eine höher qualifizierende Schule besuchen können (vgl. ebd., S.143). Dabei handelt es sich allerdings nur um eine These und Diefenbach (2010) konstatiert diesbezüglich, dass die „Befunde zur Erklärung der Nachteile von Migrantenkindern gegenüber deutschen Kindern durch institutionelle Diskriminierung (...) insgesamt gesehen (...) bislang spärlich" sind und weitere Forschungen nötig sind, um den Einfluss institutioneller Diskriminierung auf die Bildungschancen von Kindern mit Migrationshintergrund zu erörtern.

2.2.3. Benachteiligung aufgrund mangelnder Sprachkenntnisse

Aktuellen Debatten zufolge scheint es, dass die Förderung der Sprachkenntnisse die oberste Priorität genießt und sich davon versprochen wird die Bildungsbenachteiligung von Kindern mit Migrationshintergrund zu verringern und dies eine Ansicht ist, die sowohl Bildungspolitiker, als auch Pädagogen teilen können. Gründe dafür sind, dass die Nachteile von Kindern mit Migrationshintergrund gegenüber deutschen Schülern ohne Migrationshintergrund, dadurch entstehen, dass jene deutliche Mängel der deutschen Sprache aufweisen, die wiederum zu schlechteren Leistungen in der Schule führen und somit viele Kinder mit Migrationshintergrund nach der Grundschule die Hauptschule besuchen müssen und einen schlechten Bildungsabschluss erreichen oder sogar gar keinen (vgl. Diefenbach, 2010, S. 145).

Die Ergebnisse der viel diskutierten PISA-Studie, PISA 2000 können als Beleg für die eben genannten Gründe verstanden werden. Ein Befund der Studie war, dass in Deutschland der Bildungserfolg von Kindern stark abhängig ist von der sozialen Herkunft. Bei genauer Betrachtung von Familien mit Migrationshintergrund wird eruiert, dass es sich negativer auf den Bildungserfolg auswirkt, wenn beide Elternteile zugewandert sind bzw. zuhause nicht die getestete Sprache gesprochen wird, als in anderen Ländern, die ebenfalls an der Studie teilgenommen haben (vgl. Baumert & Deutsches PISA-Konsortium, 2001 S. 394ff.). Als entscheidenden Faktor des geringeren Bildungserfolgs „werden in dieser Studie allerdings nicht die soziokulturellen, sondern die sprachlichen Faktoren angesehen." (Siebert-Ott, 2013, S. 145). Die Sprachkenntnisse vieler, der in Deutschland groß gewordenen Kinder, die Deutsch als Zweitsprache gelernt haben haben ein so hohes Sprachniveau, dass sie keine sprachlichen Mängel aufweisen. Dennoch kann es zwischen fünf und acht Jahren dauern, bis sich Schüler deren Muttersprache nicht deutsch ist, an den deutschen Unterricht akklimatisiert haben und diesem somit ohne erhöhte Aufmerksamkeit folgen können. Daraus ergibt sich eine fortlaufende Notwendigkeit in der Unterstützung in der Zweitsprache im schulischen Kontext und kann auch nicht durch eine vorschulische Sprachförderung aufgefangen werden (vgl. Fürstenau, 2011, S. 36). Eine Möglichkeit die sprachlichen Defizite von Kindern und Jugendlichen mit Migrationshintergrund aufzuheben bzw. zumindest zu verbessern wird in der Ausübung von Mehrsprachigkeit in deutschen Schulen gesehen: „Dass Zwei- oder Mehrsprachigkeit ein erstrebenswertes Ziel schulischer Bildung ist, gilt gemeinhin als unstrittig." (Fürstenau & Gomolla, 2011, S. 13). Gründe liegen dabei in den Voraussetzungen, die junge Menschen mit Migrationshintergrund mitbringen und denen im deutschen Bildungssektor wenig Beachtung geschenkt wird. Dabei fordert unter anderem die interkulturelle Erziehungswissenschaft den Unterschieden, egal welcher Art, Folge zu tragen und den Schülerinnen und Schülern die selbe Chance auf Bildung zu ermöglichen:

> Die Interkulturelle Erziehungswissenschaft betrachtet sprachliche Heterogenität als *eine* Ausgangsbedingung unter vielen anderen, die dazu beiträgt, dass Kinder und Jugendliche grundsätzlich unterschiedliche Lernvoraussetzungen mitbringen; die Unterschiedlichkeit – so eine normative Prämisse der Interkulturellen Erziehungswissenschaft – ist in der Schule vor allem dahingehend zu berücksichtigen, dass allen Schülerinnen und Schülern Wertschätzung entgegengebracht wird und vor allem, unabhängig von den unterschiedlichen Voraussetzungen, gleiche Bildungschancen eröffnet werden. (Fürstenau, 2011, S. 25).

Der Heterogenität von Schülerinnen und Schülern mit Migrationshintergrund wird in sogenannten bilingualen Klassen Beachtung geschenkt, die im kommenden Kapitel genauer untersucht werden.

2.3. Bilinguale Klassen als Lösung?

Als eine Alternative zu üblichen Schulunterricht mit Fokus auf die speziellen Bedürfnisse von Kindern und Jugendlichen mit Migrationshintergrund wird in folgendem Kapitel das Konzept der Bilingualen Schulklassen in Hamburg vorgestellt.

Als Modellversuch begann die Entwicklung der bilingualen Schulklassen in der Rudolf-Roß-Schule, einer Gesamtschule in Hamburg. Dort „wurde (...) eine bilinguale Schulklasse mit Deutsch und Portugiesisch eingeführt." (Neumann, 2011, S. 181). Dieser Modellversuch wurde erfolgreich beendet und ist zu einer Regeleinrichtung geworden. An insgesamt sechs Schulen können vier bilinguale Züge gewählt werden: Deutsch gepaart mit Italienisch, Portugiesisch, an zwei Schulen Spanisch und ebenso an zwei Schulen Türkisch. (vgl. ebd., 2011, S. 181). Die Kinder lernen in ihrer Sprachkombination gleichzeitig zu lesen und zu schreiben. Dabei werden die Kinder nicht anhand ihrer Fähigkeiten und sprachlichen Voraussetzungen segregiert, sondern lernen gemeinsam. Möglich gemacht wird dies durch ein Lehrerteam, oder indem die Klassen zweigeteilt werden und gleichzeitig von einem Lehrer in Deutsch und von einem Lehrer in ihrer Herkunftssprache unterrichtet werden. (vgl. ebd., 2011, S. 182). Die Ergebnisse der bilingualen Grundschulen in Hamburg sind bemerkenswert. Gogolin & Neumann (2008) fassen die Ergebnisse der Studien wie folgt zusammen:

> Zu den Erfolgen des Modells gehört, dass die Kinder im bilingualen Modell gute bis sehr gute schulische Erfolge in der Grundschule erzielt haben. Dies lässt sich einerseits an der Auswertung der Sprachdaten mit Blick auf bildungssprachliche Fähigkeiten im Deutschen ablesen. Andererseits lässt es sich an den Resultaten der im vierten Schuljahr durchgeführten Leistungstests aus der IGLU-Studie ablesen. Die Letzteren ergaben einen für die bilingualen Klassen in jeder Hinsicht positiven Befund. Alle Kinder erreichen eine hinreichende, viele sogar eine hohe Lesekompetenz. Auch die Ergebnisse in Mathematik sind hoch. In dieser Hinsicht erfüllen also die bilingualen Klassen ihre Aufgaben bestens, den Kindern eine gute Startchance für Erfolg im deutschen Schulsystem zu geben. Es gelingt nach unseren Analysen den Modellklassen auch sehr gut, die Zusammenhänge zwischen sozialer Herkunft und Bildungserfolgschancen, die im deutschen Schulsystem so überaus eng sind, zu lockern.

Für diese wissenschaftliche Untersuchung sind die Ergebnisse der hohen Lesekompetenz sowie, die Lockerung des Kontexts von sozialer Herkunft und

Bildungschancen besonders hervorzuheben. Im Hinblick auf die Ergebnisse der PISA-Studie, PISA 2000 (siehe Punkt 2.2.4.) können die bilingualen Grundschulen in Hamburg als erfolgreiche Alternative zu Regelschulen herangezogen werden, in Bezug auf schulischen Bildungserfolg von Kindern mit Migrationshintergrund.

Grenzen der empirisch bestätigten Ergebnisse sehen Gogolin & Neumann (2008) jedoch noch darin, dass die Resultate von Kindern, die ohne bzw. nur geringen Deutschkenntnissen eingeschult wurden nicht das Niveau der anderen Kinder errei- chen und lediglich angenommen werden, kann dass diese erfolgreicher in der Schule agieren werden, anhand der Entwicklung der mündlichen Fähigkeiten. Weiter noch wird vermutet, dass ihr Erwerb der deutschen Sprache schneller und tiefer verlaufen ist, als bei vergleichbaren Kindern von Regelschulen. Diese Vermutungen bedürfen aber weiterer empirischer Bestätigung (vgl. Gogolin & Neumann, 2008, S. 407). Diese Ergebnisse zeigen einen potentiellen Weg mit Kindern mit Migrationshintergrund sinnvoll umzugehen, wenn diese sprachliche Defizite aufweisen. Wenn die Rechnung der aktuellen Debatten aufgehen sollte, dass verbessertes Sprachniveau auch zu verbesserten Bildungschancen führt, könnte in den bilingualen Modell der Schlüssel liegen für eine adäquate Schulalternative für Kindern mit Migrationshintergrund.

Fazit

Diese wissenschaftliche Arbeit konnte aufzeigen, dass die Bildungschancen aufgrund eines Migrationshintergrunds in Deutschland schlechter sind als ohne. Die Forschung hat diesbezügliche mehrere Theorien und Ansatzpunkte. Von den in dieser wissenschaftlichen Arbeit vorgestellten konnte jedoch lediglich die Bildungsbenachteiligung aufgrund von sprachlichen Defiziten empirisch nachgewiesen werden. Für kulturelle Defizite fehlt es einerseits an stichhaltigen Daten, andererseits kann die Theorie durch die hohe Bildungsaspiration von Eltern mit Migrationshintergrund für ihre Kinder widerlegt werden. Die Benachteiligung aufgrund von institutioneller Diskriminierung kann auch nicht hinreichend empirisch belegt werden. Die Defizite der Sprachkenntnisse können, wie bereits erwähnt, empirisch bewiesen werden und sind auch Thema in aktuellen Forschungsdebatten und werden gleichsam von Pädagogen, als auch von Bildungspolitikern ernst genommen.

Die Ergebnisse der bilingualen Klassen machen Hoffnung, dass mit dieser Neuinterpretierung der Grundschule ein vielversprechendes Forschungsgebiet gefunden wurde. Es wird weitere Schulen in weiteren Bundesländern benötigen, die diesem Modell eine Chance geben und eine lückenlose empirische Begleitung der Ergebnisse, um genügend Argumente dafür zu finden, über eine Schulreform nachzudenken bzw. diese Modelle als anerkannte Alternative zur üblichen Grundschule etablieren zu können, sofern die Ergebnisse empirisch bestätigt werden können in anderen Schulen. Ein weiterer Aspekt einer flächendeckenden Realisierung besteht darin, inwiefern ausreichend adäquate Lehrkräfte dafür gefunden werden können bzw. inwiefern es nötig werden würde diese explizit für diese Bildungsherausforderung auszubilden.

Literaturverzeichnis

Baumert, J., & Deutsches PISA-Konsortium (2001). *PISA 2000: Basiskompetenzen von Schülerinnen*

und Schülern im internationalen Vergleich. Opladen: Leske + Budrich.

Cinar, M., & Deutsches Jugendinstitut. (2013). *Kinder-Migrationsreport ein Daten- und*

Forschungsüberblick zu Lebenslagen und Lebenswelten von Kindern mit Migrationshintergrund.
München: DJI.

Diefenbach, H. (2010). *Kinder und Jugendliche aus Migrantenfamilien im deutschen Bildungssystem:*

Erklärungen und empirische Befunde. Wiesbaden: VS Verlag für Sozialwissenschaften.

Ditton, H., Krüsken, J., & Schauenberg, M. (2005). Bildungsungleichheit — der Beitrag von Familie und

Schule. Zeitschrift für Erziehungswissenschaft, 8(2), 285–304.

Duden (2015). Migration. URL: http://www.duden.de/suchen/dudenonline/Migration (Stand. 08.03.15).

Fürstenau, S. (2011). Mehrsprachigkeit als Voraussetzung und Ziel schulischer Bildung. In S. Fürstenau &

M. Gomolla (Hrsg), Migration und schulischer Wandel: Mehrsprachigkeit (S. 25–50). Wiesbaden:

VS Verlag für Sozialwissenschaften.

Fürstenau, S., & Gomolla, M. (2011). Einführung: Migration und schulischer Wandel: Mehrsprachigkeit. In

S. Fürstenau & M. Gomolla (Hrsg), Migration und schulischer Wandel: Mehrsprachigkeit (S. 13–

23). Wiesbaden: VS Verlag für Sozialwissenschaften.

Gogolin, I. (2009). Interkulturelle Bildungsforschung. In R. Tippelt & B. Schmidt (Hrsg.), Handbuch

Bildungsforschung (S. 297–315). Wiesbaden: VS Verlag für Sozialwissenschaften.

Gogolin, I./Neumann. U. (2008): Bilinguale Grundschulen in Hamburg – ein erfolgreicher Schulversuch. In

Budach, G./Erfurt, J./Kunkel, M. (Hrsg): Écoles plurilingues – mulitlingual schools: Konzepte,
Institutionen und Akteure (S. 395-409) Frankfurt a.M: Peter Lang.

Gomolla, M., & Radtke, F.-O. (2009). *Institutionelle Diskriminierung: die Herstellung ethnischer Differenz*

in der Schule. Wiesbaden: VS, Verl. für Sozialwissenschaften.

Konsortium Bildungsberichterstattung (2006), Bildung in Deutschland: Ein indikatorengestützter Bericht mit einer Analyse zu Bildung und Migration. Bielefeld: Bertelsmann.

Kristen, C. (2002). Hauptschule, Realschule oder Gymnasium? KZfSS Kölner Zeitschrift für Soziologie und

Sozialpsychologie, 54(3), 534–552.

Neumann, U. (2011). Schulischer Wandel durch bilinguale Klassen. In S. Fürstenau & M. Gomolla (Hrsg.),

Migration und schulischer Wandel: Mehrsprachigkeit (S. 181–190). Wiesbaden: VS Verlag für

Sozialwissenschaften.

Oltmer, J. (2010). *Migration im 19. und 20. Jahrhundert.* München: R. Oldenbourg.

Paulus, W., & Blossfeld, H.-P. (2007). Schichtspezifische Präferenzen oder sozioökonomisches

Entscheidungskalkül? Zur Rolle elterlicher Bildungsaspirationen im Entscheidungsprozess beim

Übergang von der Grundschule in die Sekundarstufe. Zeitschrift Für Pädagogik, 53(4), 491–508.

Schimany, P. (2007). Migration und demographischer Wandel. Nürnberg: Bundesamt für Migration und

Flüchtlinge.

Siebert-Ott, G. (2013). Mehrsprachigkeit und Bildungserfolg. In G. Auernheimer (Hrsg), Schieflagen

im Bildungssystem (S. 145–159). Wiesbaden: Springer Fachmedien.

Statistisches Bundesamt (2015a). Bevölkerung nach Migrationshintergrund. URL:

https://www.destatis.de/DE/ZahlenFakten/GesellschaftStaat/Bevoelkerung/MigrationIntegration/Mi
grationshintergrund/Tabellen/MigrationshintergrundSchulabschluss.html: (Stand: 08.03.2015).

Statistisches Bundesamt (2015b). Mikrozensus 2013: 16,5 Millionen Menschen mit Migrationshintergrund.

URL:

https://www.destatis.de/DE/PresseService/Presse/Pressemitteilungen/2014/11/PD14_402_122.html
(Stand: 08.03.2015).

BEI GRIN MACHT SICH IHR WISSEN BEZAHLT

- Wir veröffentlichen Ihre Hausarbeit,
  Bachelor- und Masterarbeit

- Ihr eigenes eBook und Buch -
  weltweit in allen wichtigen Shops

- Verdienen Sie an jedem Verkauf

Jetzt bei www.GRIN.com hochladen
und kostenlos publizieren